BEI GRIN MACHT SICH IHR WISSEN BEZAHLT

- Wir veröffentlichen Ihre Hausarbeit, Bachelor- und Masterarbeit

- Ihr eigenes eBook und Buch - weltweit in allen wichtigen Shops

- Verdienen Sie an jedem Verkauf

Jetzt bei www.GRIN.com hochladen und kostenlos publizieren

Jutta Otterbein, Lisa Jungkurth

Handlungsorientierung

GRIN Verlag

Bibliografische Information der Deutschen Nationalbibliothek:

Die Deutsche Bibliothek verzeichnet diese Publikation in der Deutschen National-
bibliografie; detaillierte bibliografische Daten sind im Internet über http://dnb.d-
nb.de/ abrufbar.

Impressum:

Copyright © 2011 GRIN Verlag GmbH
Druck und Bindung: Books on Demand GmbH, Norderstedt Germany
ISBN: 978-3-656-36326-2

Dieses Buch bei GRIN:

http://www.grin.com/de/e-book/199314/handlungsorientierung

GRIN - Your knowledge has value

Der GRIN Verlag publiziert seit 1998 wissenschaftliche Arbeiten von Studenten, Hochschullehrern und anderen Akademikern als eBook und gedrucktes Buch. Die Verlagswebsite www.grin.com ist die ideale Plattform zur Veröffentlichung von Hausarbeiten, Abschlussarbeiten, wissenschaftlichen Aufsätzen, Dissertationen und Fachbüchern.

Besuchen Sie uns im Internet:

http://www.grin.com/

http://www.facebook.com/grincom

http://www.twitter.com/grin_com

SPS I - Vorbereitungsseminar

Unterrichtsentwurf zum Thema Handlungsorientierung

Im SS 2011

Zeit: Dienstag, 28.06.2011
13:00 Uhr

Ort: Universität Kassel, Heinrich-Plett-Str. 40,
34132 Kassel
Raum: 103a

Klasse: 9 weibliche und 12 männliche Studenten
der Wirtschaftspädagogik

Ziel: Die Studenten und Studentinnen sind mit
dem Begriff „Handlungsorientierung" und
deren Bedeutung vertraut und können die
Chancen und Risiken eines handlungsorientierten Unterrichts für ihre zukünftige Tätigkeit als Lehrer bzw. Lehrerin abwägen.

eingereicht von: Lisa Jungkurth

Jutta Otterbein

10.06.2011

Inhaltsverzeichnis

Anhang

Literaturverzeichnis

Internetquellenverzeichnis

1 Situationsanalyse

Die Lerngruppe des Vorbereitungsseminars SPS 1 besteht aus insgesamt 21 Studenten[1], wovon neun weiblich und zwölf männlich sind. Sie sind ca. zwischen 20 und 35 Jahre alt und studieren im vierten oder höheren Semester Wirtschaftspädagogik. Einige der Studenten haben bereits eine kaufmännische Ausbildung absolviert und andere sind auf direktem Wege nach dem (Fach-)Abitur zur Universität gewechselt. Das Ausbildungsziel der Lernenden variiert. Manche streben den Bachelor of Education an, um anschließend ihre berufliche Karriere in der Wirtschaft fortzusetzen. Vorrangig wird jedoch der Master of Education angestrebt, um an beruflichen Schulen unterrichten zu dürfen. Folglich handelt es sich um eine heterogene Lerngruppe. Das Arbeitsverhalten und die Motivation der Lerngruppe sind ausbaufähig, was unter anderem daran zu erkennen ist, dass nicht alle Lernenden die aufgetragenen Texte lesen und dass auf Fragen seitens der Lehrkraft nur wenige Wortmeldungen folgen. Dennoch ist die Arbeitsatmosphäre innerhalb der Lerngruppe ausgeglichen und angenehm, da sich die Lernenden mit dem nötigen Respekt begegnen, wie Ausredenlassen oder Zuhören, und bei Gruppenarbeiten engagiert und rücksichtsvoll sind. Wie das eben genannte Beispiel schon zeigt, herrscht ein hoher Anteil von Gruppenarbeit. Aber auch Sozialformen, wie Frontalunterricht und Gesprächsformen, werden angewandt. Aufgrund der bereits erwähnten Heterogenität der Lernenden sollte berücksichtigt werden, dass alle unterschiedliche Vorkenntnisse und Erfahrungen haben, was hinsichtlich der Unterrichtsplanung ein zu lösendes Problem darstellt.

2 Fachwissenschaftliche Analyse

Anhand der Abbildung in Abschnitt 2.2 lässt sich *Handlungsorientierung* im weiteren Sinne der Erziehungswissenschaft, im engeren Sinne der wissenschaftlichen Teildisziplinen Didaktik und Pädagogik zuordnen. In Anlehnung an TRAMM ist festzustellen, dass es keine eindeutige Definition und Handhabung dessen gibt.[2] Es lassen sich lediglich Merkmale strukturieren.

---

[1] Zwecks besserer Lesbarkeit wird auf Geschlechtertrennung verzichtet.
[2] Vgl. Tramm, T. (1994), S. 39

2.1 Strukturmerkmale

„Der Mensch wirkt gestaltend auf die Umwelt und erhält wiederum entscheidende Prägungen von der Umwelt".[3] Hierbei findet eine Art Rückkopplungsprozess statt, indem der Mensch durch eigenständiges Handeln seine individuellen Erfahrungen sammelt und diese mit vorhandenen Konstrukten verknüpft, reflektiert und ggf. erweitert oder ändert. Grundlage für einen *handlungsorientierten* Unterricht – sei es im kaufmännischen oder allgemeinbildenden Bereich – sind folgende Strukturmerkmale nach LAUR-ERNST.[4]

Eines der Strukturmerkmale ist die **Intentionalität**, d.h. dass Erkenntnisse, die zielgerichtet auf bestimmte Aufgabenstellungen bzw. Situationen angewandt werden, die Sinnhaftigkeit des Handelns prägen. Das Handeln wird jedoch auch von persönlichen Einstellungen und Werthaltungen geleitet, welches Motive bildet und reflektiert. Daraus folgt, dass intentionales Handeln bewusst stattfindet und somit diskutierbar als auch abänderbar ist (**Bewusstheit**). Handeln impliziert auch die **Subjektivität**, die aufgrund der persönlichen Einstellungen und Werthaltungen, Gestaltungsspielräume und immer Freiheitsgrade ermöglicht. Eine Standardisierung ist lediglich auf der Ebene von Operationen möglich. Auch **Prozesshaftigkeit** ist ein Strukturmerkmal der *Handlungsorientierung*, da Handeln als ein Prozess verstanden wird, der zeitlich sowie dynamisch abgegrenzt ist. Es müssen nicht alle Schritte vorher festgelegt sein, da innerhalb des Handlungsprozesses Faktoren, wie wechselnde Bedingungen, Unvorhergesehenes oder Widerstände, eintreten können, auf die flexibel reagiert werden muss. Weiterhin zeichnet sich Handeln durch Mehrdimensionalität aus, welche unterschiedliche Komponenten, wie fachliche und soziale, planerische und kooperative, methodische und emotionale Qualifikationen, einbezieht (**Komplexität**). Wie bereits erläutert, ist Handeln interdependent, denn durch eine veränderte Umwelt passt sich das Individuum an, aber auch die Umwelt lässt sich auf die Veränderung des Individuums anpassen, was man auch unter dem Begriff **Gestaltbarkeit** zusammenfasst. Das **Resultat** des Handelns ist nicht eindeutig, aber differenzierbar in positiv oder negativ, nützlich oder weniger brauchbar, zufriedenstellend oder ärgerlich. Dies hat zur Konsequenz, dass die Ergebnisse zwar bewertbar, aber auch kritisierbar in Bezug auf die Bedeutsamkeit der Umwelt sind.

---

[3] Beck, H. (1996), S. 10
[4] Vgl. Laur-Ernst, U. (1990), S. 150 ff.

2.2 Einordnung in wissenschaftliche Disziplinen

Nachdem allgemeine Merkmale der *Handlungsorientierung* erläutert wurden, lässt sich der Begriff wie folgt einordnen.

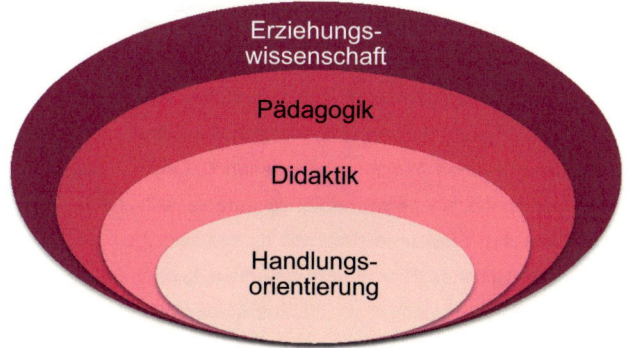

Handlungsorientierung als wissenschaftliche Disziplin

Handlungsorientierung ist insbesondere durch eigenständiges Handeln und Schüleraktivität gekennzeichnet. Somit lässt sie sich der Didaktik zuordnen, denn Didaktik lässt sich als Theorie und Praxis des Lehrens und Lernens definieren. Während die Theorie Aussagen über Lehr-/Lernprozesse macht, findet in der Praxis pädagogisches Handeln von Lehrern und Schülern statt, mit der Voraussetzung, dass die Selbstbestimmung des Menschen ausgebildet wird. Zur Selbstbestimmung gehört unter anderem die Reflexion des eigenen Handelns. Diese Voraussetzung ist auch Bestandteil und Ziel der Pädagogik.

> *„Pädagogik ist die [...] Bezeichnung für die wissenschaftliche Disziplin, die sich mit Bildung und Erziehung befasst. Nach heutigem Verständnis kommt der Pädagogik die Doppelrolle zu, als Reflexionswissenschaft Bildungs- und Erziehungszusammenhänge zu erforschen, aber auch als Handlungswissenschaft Vorschläge zu machen, wie Bildungs- und Erziehungspraxis gestaltet und verbessert werden kann."[5]*

Daraus lässt sich schließen, dass diese zwei Teildisziplinen – Didaktik und Pädagogik – der wissenschaftlichen Disziplin Erziehungswissenschaft zuzuordnen

---

[5] http://www.uni-siegen.de/fb2/studiengaenge/lehramt/pal/definition.html?lang=dev (Abruf am: 04.06.11)

---

sind und demzufolge auch die *Handlungsorientierung* eine Teildisziplin der Erziehungswissenschaft darstellt.

2.3 Handlungsorientierung gewinnt an Bedeutung

Zum einen soll auf schulischer Ebene die **Vermittlung von trägem Wissen vermieden** werden, bei dem Schüler Faktenwissen erlangen, dieses aber in der Praxis nicht umsetzen können. Aufgrund dessen verlagert sich der Fokus mehr und mehr von einem prozess- auf einen *handlungsorientierten* Unterricht. Des Weiteren findet auf beruflicher Ebene ein **permanenter Wandel** gesellschaftlicher, technischer und wirtschaftlicher Strukturen statt, den es zu bewältigen gilt. Durch diesen Wandel veraltet spezifisches Wissen und der Arbeitsmarkt verlangt beschäftigungsunabhängiges Wissen, welches durch **Schlüsselqualifikationen**, wie z.B. kritisches Denken oder kreatives Vorgehen, gekennzeichnet ist. Diese spiegeln sich auch in der **beruflichen Handlungskompetenz**[6], insbesondere in der Sozial- und der Selbstkompetenz, wider.

2.4 Problemstellung

Handlungsorientierung strebt zwar Ziele an, die für das Individuum von Vorteil sind, dennoch darf die Kehrseite der Medaille nicht außer Acht gelassen werden. In erster Linie besteht die Problematik darin, dass der **Lehrplan** in Kontrast zu den Interessen des Individuums steht, da sich die Ziele der Schüler meist nicht mit denen der Lehrkraft decken. Aber auch die **Umsetzbarkeit** seitens der Lehr-

---

[6] Nach Bader versteht man unter beruflicher Handlungskompetenz:
„Fachkompetenz ist die Fähigkeit und Bereitschaft, Aufgabenstellungen selbstständig, fachlich richtig und methodengeleitet zu bearbeiten und das Ergebnis zu beurteilen. Hierzu gehören auch „extrafunktionale Qualifikationen" wie logisches, analytisches, abstrahierendes, integrierendes Denken sowie das Erkennen von System- und Prozesszusammenhängen.
Human(Personal)kompetenz oder *Selbstkompetenz* bezeichnet die Fähigkeit und Bereitschaft des Menschen, als Individuum die Entwicklungschancen, Anforderungen und Einschränkungen in Beruf, Familie und öffentlichem Leben zu klären, zu durchdenken und zu beurteilen, eigene Begabungen zu entfalten sowie Lebenspläne zu fassen und fortzuentwickeln. Hierzu gehören insbesondere auch die Entwicklung durchdachter Wertvorstellungen und die selbstbestimmte Bindung an Werte.
Sozialkompetenz bezeichnet die Fähigkeit und Bereitschaft, soziale Beziehungen und Interessenlagen, Zuwendungen und Spannungen zu erfassen und zu verstehen sowie sich mit Anderen rational und verantwortungsbewußt auseinanderzusetzen und zu verständigen. Hierzu gehört insbesondere auch die Entwicklung sozialer Verantwortung und Solidarität." (Bader, R.: Konstruieren von Lernfeldern- Eine Handreichung für Rahmenlehrplanausschüsse und Bildungskonferenzen in technischen Berufsfeldern. In: Bader, R./ Sloane,P. (Hrsg.): Lernen in Lernfeldern, Markt Schwaben 2000, S. 39)

person in Bezug auf Planung, Durchführung und Bewertung ist problematisch. Denn der Lehrer ist gezwungen den bisherigen prozessorientierten Unterricht in einen *handlungsorientierten* Unterricht umzuwandeln und nimmt somit mehr eine beratende Funktion ein. Auch wenn Schüler im *handlungsorientierten* Unterricht durch Gruppenarbeit **Kompetenzen** wie Teamfähigkeit und Kommunikationsfähigkeit erlangen, ist es fraglich, wie diese überhaupt rückwirkend – auch in Bezug zur Selbstkompetenz – **geprüft** werden können. Selbst, wenn diese Überprüfung erfolgreich durchgeführt werden kann, ist noch nicht gesagt, dass diese auch durch die Schulzeugnisse zertifiziert sind. Dort wird nämlich meist nur die schulische Fachkompetenz, jedoch nicht die Sozial- und Selbstkompetenz, ausgezeichnet.

3   Fachdidaktische Analyse

Zum einen gewinnt die *Handlungsorientierung* im Unterricht gegenwärtig an Bedeutung. Diese Gegenwartsbedeutung liegt begründet in § 2 des Hessischen Schulgesetzes:

> *„Die Schulen sollen die Schülerinnen und Schüler befähigen, in Anerkennung der Wertordnung des Grundgesetzes und der Verfassung des Landes Hessen [...] die Auswirkungen des eigenen und gesellschaftlichen Handelns auf die natürlichen Lebensgrundlagen zu erkennen und die Notwendigkeit einzusehen, diese Lebensgrundlagen für die folgenden Generationen zu erhalten, um der gemeinsamen Verantwortung dafür gerecht werden zu können [...] Die Schule soll den Schülerinnen und Schülern die dem Bildungs- und Erziehungsauftrag entsprechenden Kenntnisse, Fähigkeiten und Werthaltungen vermitteln. Die Schülerinnen und Schüler sollen insbesondere lernen, [...] sich Informationen zu verschaffen, sich ihrer kritisch zu bedienen, um sich eine eigenständige Meinung zu bilden und sich mit den Auffassungen anderer unvoreingenommen auseinander setzen zu können".*[7]

Aus dieser Verankerung geht hervor, dass die angehenden Lehrer auf universitärer Ebene so ausgebildet werden müssen, dass sie diesen **Bildungs- und Erziehungsauftrag** auch erfüllen können.

---

[7] http://www.hessen.de/irj/HKM_Internet?rid=HKM_15/HKM_Internet/nav/374/3743019a-8cc6-1811-f3ef-ef91921321b2%26_ic_uCon=72920bec-b224-d901-be59-2697ccf4e69f.htm&uid=3743019a-8cc6-1811-f3ef-ef91921321b2 (Abruf am: 06.06.11)

Für die Zukunft bedeutet dies für die Lehramtsstudenten, dass eine **Professio-nalität des Lehrerberufs** nur dann gegeben ist, wenn die Lehrkraft in der Lage ist, sich und ihr eigenes **Handeln kritisch** zu **betrachten und** zu **reflektieren**. Diese Professionalität bewährt sich nicht nur im **Bildungswesen**, sondern auch in der **Gesellschaft** und im **Privatleben**.

4   Lehr- und Lernzielplanung

Das Ziel unserer Unterrichtseinheit ist, dass die Studenten mit dem Begriff *„Handlungsorientierung"* und deren Bedeutung vertraut sind und die Chancen und Risiken eines *handlungsorientierten* Unterrichts für ihre zukünftige Tätigkeit als Lehrer abwägen können.

Fachkompetenz soll bereits in der Einführungsphase aufgebaut werden, indem die Studenten mit einem höheren kognitiven Leistungsniveau mit ihrem Vorwissen die weniger leistungsstarken Studenten fördern. Weiterhin sollen die Studenten durch die Podiumsdiskussion ihre Arbeitsergebnisse vergleichen und optimieren.

Methodenkompetenz, insbesondere kreatives und assoziatives Denken , soll vorrangig durch das Brainstorming gefördert werden. Aber auch das Treffen von Entscheidungen durch die Podiumsdiskussion in der Auswertungs-/ Reflexionsphase soll erzielt werden.

Sozialkompetenz wird in allen Unterrichtsphasen vermittelt. Die sachliche Argumentation wird durch das Brainstorming, die Gruppenarbeit sowie der Podiumsdiskussion gefördert. Besonders während der Gruppenarbeit und der Podiumsdiskussion sollen Kommunikations-, Kooperations- und Kritikfähigkeit ausgebildet werden.

Selbstkompetenz soll in der Erarbeitungs- und Auswertungs-/Reflexionsphase sichergestellt werden, in denen die Studenten ihre eigenen Stärken und Schwächen erkennen, ihr Selbstbewusstsein steigern sowie mit Spannungen umgehen sollen. Gerade in der letzten Phase der geplanten Unterrichtseinheit wird die Flexibilität bzgl. unvorhersehbarer Situationen und verantwortungsbewusste Urteilsbildung gefördert.

5   Methodische Planung

Zu Beginn unserer Unterrichtseinheit heißen wir die Studierenden herzlich will-
kommen und geben unser Ziel der Stunde als auch den Unterrichtsablauf (siehe
Anhang 2) bekannt, damit deutlich wird, worauf hingearbeitet wird. Um den Studenten eine kurze **Einführung** in das Thema zu geben, erläutern wir, was unter
dem Begriff der *Handlungsorientierung* zu verstehen ist und warum *Handlungsorientierung* auf schulischer als auch auf beruflicher Ebene an Bedeutung gewinnt. Diesbezüglich soll anschließend ein Brainstorming zu *handlungsorientier-
tem* Unterricht stattfinden, bei dem die Studenten ihr vorhandenes Wissen aus
bereits absolvierten Modulen (z.B. Wirtschaftsdidaktik I) zum Ausdruck bringen.
Die eingebrachten Vorschläge können von anderen Studenten aufgegriffen und
weiterentwickelt werden, was den sogenannten Synergieeffekt[8] erzeugt. Die Re-
sultate sollen an der Tafel festgehalten werden, damit die Studenten in der **Erarbeitungsphase** auf die gesammelten Vorschläge zurückgreifen können. Anhand
der festgehaltenen Ideen sollen die Studenten die Aufgabenstellung aus Anhang
4 bearbeiten, die die Einteilung in Gruppen voraussetzt. Dies geschieht unter
folgenden Gesichtspunkten: Die Gruppen werden ausgelost, sodass vier 4er-
Gruppen und eine 5er-Gruppe entstehen. Durch diese Auslosung wird die Heterogenität der Gesamtgruppe vorteilhaft genutzt, denn zum einen besteht die
Möglichkeit, dass Leistungsstarke mit Leistungsschwächeren zusammenarbeiten.
Andererseits sollen sich die Gruppen nicht nach Sympathieträgern zusammen-
schließen. Gerade die Einführung des lernfeldorientierten Unterrichts setzt vo-
raus, dass die Lehrer in Teams arbeiten und sich untereinander arrangieren und
mit Kollegen vorlieb nehmen müssen, die sie sonst eher meiden. Die Sozialform
Gruppenarbeit wählen wir an dieser Stelle, da nicht nur die Sozialkompetenz
durch Arbeit in Teams gefördert wird, sondern dies auch die Grundlage für die
anschließende Podiumsdiskussion bildet. In dieser **letzten Phase** werden die
erarbeiteten Ergebnisse durch jeweils einen Gruppenvertreter debattiert und ge-
sichert. Dadurch sind alle Vor- und Nachteile eines *handlungsorientierten* Unterrichts u.a. durch den Moderator zusammengefasst. Dies ermöglicht den angehenden Berufsschullehrern, die Chancen und Risiken aufzugreifen und in ihrem
künftigen Unterricht bedacht einzusetzen.

---

[8] „Durch das Zusammenwirken mehrerer Personen erwächst aus den individuellen Ein-
zelkenntnissen und Einzelfähigkeiten ein Problemlösungs- und Handlungsvermögen, das
mehr ist als die Summe dieser Einzelvermögen. Wesentliche Voraussetzungen sind der
offene Diskurs, die Distanz zu eigenen Ansichten und die Bereitschaft, den gemeinsamen
Arbeitsprozeß vorbehaltlos zu unterstützen." (Schaub, H., Zenke, K. G. (1995), S. 335)

Innerhalb einzelner Phasen der Unterrichtseinheit könnten jedoch **Gefahren** auftreten. So könnten die Studenten in der **Einführungsphase**, bei Stattfinden des Brainstormings, zu sehr vom eigentlichen Thema abschweifen oder im Extremfall keinerlei Vorschläge oder Ideen mit einbringen. Aber auch für uns – in der Rolle als Lehrperson – bedeutet das Brainstorming, dass wir den eingebrachten Ideen mit einer gewissen Neutralität begegnen und die Vorschläge der Studenten nicht werten. Weiterhin könnte die Aufgabenstellung fehlinterpretiert werden. Da die Einteilung der Gruppen bisher nach Schulzuweisungen verlief, könnten Differenzen bei unserer Gruppenbildung per Losverfahren stattfinden. Die Gruppenarbeit in der **Erarbeitungsphase** betreffend könnte sich darin problematisch auszeichnen, dass es innerhalb der Kleingruppen zu Diskrepanzen kommt. Auch die fehlende Bereitschaft einzelner Gruppenmitglieder als Gruppensprecher bei der anschließenden Podiumsdiskussion zu agieren, könnte sich als Problem erweisen. Ferner könnte sich die Moderatorengruppe aufgrund variierender Aufgabenstellungen benachteiligt fühlen. Ähnlich wie in der Einführungsphase könnte auch in der **Auswertungs-/Reflexionsphase** ein stockender Gedankenfluss und –austausch eintreten. Zudem könnte der Moderator in seiner Rolle durch die eventuell vorhandene Schwierigkeit bei der abschließenden Zusammenfügung der Argumente sowie durch ein unerwartetes Ausmaß der Diskussion überfordert sein.

Anhang

1 Verlauf der Unterrichtseinheit

Phasen/Zeit	Inhalte/Handlungen	Sozialform/Methoden/ Medien
Eröffnung ca. 5 min.	- Begrüßung	Lehrervortrag
	- Vorstellung des Ablaufs und des Ziels der Unterrichtseinheit	
Einführungsphase ca. 30 min.	- Erklärung des Begriffs „Handlungsorientierung" und deren Bedeutung	Lehrervortrag
	- Brainstorming zu handlungsorientiertem Unterricht	Unterrichts-, Lehrgespräch/ Brainstorming/ Tafel
	- Aufgabenstellung mit anschließender Gruppenbildung	Plenum
Erarbeitungsphase ca. 30 min.	- Erarbeiten von Vor- und Nachteilen des handlungsorientierten Unterrichts bzgl. Lehrer und Schüler	Gruppenarbeit
Auswertungs-/ Reflexionsphase ca. 25 min.	- Vorstellung und Sicherung der Ergebnisse	Debatte/ Podiumsdiskussion

2   Ziel und Unterrichtsverlauf zur Bekanntgabe für die Studenten

Unser Ziel für den heutigen Unterricht:

- Verständnis des Begriffs „Handlungsorientierung"
- Kenntnis über die Bedeutung der Handlungsorientierung
    - o   auf schulischer Ebene
    - o   auf beruflicher Ebene
- Kenntnis über Chancen und Risiken bzgl. des handlungsorientierten Unterrichts
- Projizierung auf zukünftige Lehrertätigkeit

Diese Ziele sollen durch den folgenden Unterrichtsverlauf erreicht werden:

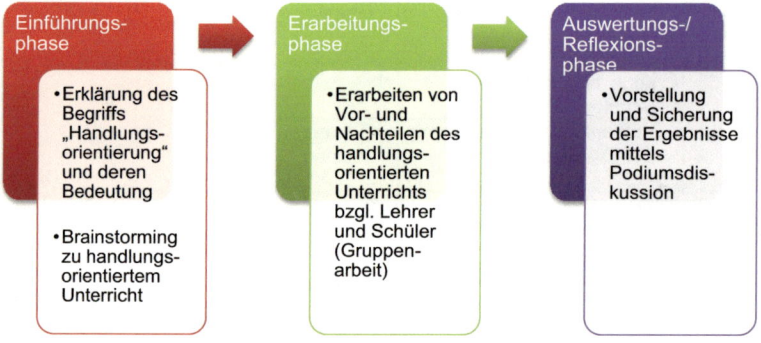

Einführungs-
phase
- Erklärung des Begriffs „Handlungs-orientierung" und deren Bedeutung
- Brainstorming zu handlungs-orientiertem Unterricht

Erarbeitungs-
phase
- Erarbeiten von Vor- und Nachteilen des handlungs-orientierten Unterrichts bzgl. Lehrer und Schüler (Gruppen-arbeit)

Auswertungs-/
Reflexions-
phase
- Vorstellung und Sicherung der Ergebnisse mittels Podiumsdis-kussion

3 | Musterlösung des Brainstormings zum handlungsorientierten Unterricht

- Medieneinsatz
- Lernen mit Hand und Kopf
- Informationsbeschaffung
- Ganzheitlichkeit
- Lernfelder
- kein Frontalunterricht
- schülerzentriert
- Konstruktivismus
- Methodenvielfalt
- Handeln
- Schüleraktivität
- berufliche Handlungskompetenz
- Umsetzung erlernen bzgl. Methoden
- **Handlungsorientierter Unterricht**
- Praxisnähe
- kein didaktisches Modell
- selbstgesteuertes Lernen
- vollständiger Handlungszyklus
- Alltagsbezüge
- Schlüsselqualifikation
- problemorientiert

Arbeitsauftrag Diskussionsgruppen

Nun, da ihr euch in eurer Gruppe zusammengefunden habt, erarbeitet bitte Aspekte, die **für oder gegen handlungsorientierten Unterricht** sprechen. Unten seht ihr, welcher Gesichtspunkt von eurer Gruppe bearbeitet werden soll.

Ihr könnt gerne das Brainstorming zur Hilfe nehmen.

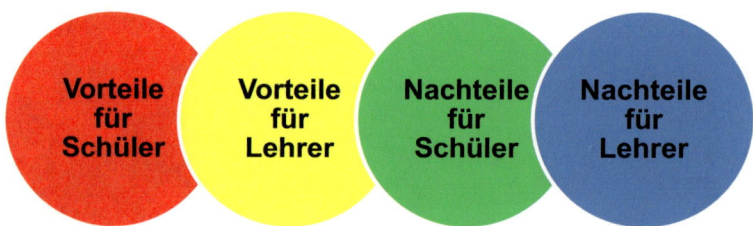

Bestimmt einen **Gruppensprecher**, der in der Podiumsdiskussion euren Standpunkt diskutiert und vertritt. Der Gruppensprecher nimmt folgende Rolle ein:

> Die Gruppensprecher verfolgen die Ziele
> - das Publikum von der eigenen Position argumentativ zu überzeugen,
> - eine offensive Auseinandersetzung mit Gegenargumenten zu führen und
> - sich in der Austragung von Konflikten vor dem Publikum wirkungsvoll zu präsentieren.

Die verbleibenden Gruppenmitglieder nehmen die Rolle der **Zuhörer** ein:

> Die Rolle des Publikums besteht darin,
> - Fragen an die Mitglieder des Podiums zu richten und/oder
> - eigene (durchaus gegensätzliche) Positionen zu vertreten.

Bearbeitungszeit: 30 Minuten

Arbeitsauftrag Moderatorengruppe

Nun, da ihr euch in eurer Gruppe zusammengefunden habt, erarbeitet bitte **Leitfragen** bzw. **Thesen**, die die Diskussion leiten und anregen.

Zur Hilfe könnt ihr die untenstehende Musterlösung zu den Für und Wider des handlungsorientierten Unterrichts nutzen.

Lehrer	
Pro	Contra
- Unterstützende/beratende Funktion - Größere Zufriedenheit bzgl. Bildungsauftrag - Methodenvielfalt - Motivator - Überzeugung auf fachlicher und menschlicher Ebene => hohes Ansehen	- Hoher Aufwand für Vorbereitung - Nicht für jede Thematik einsetzbar - Unzureichende Einbindung der curricularen Inhalte - Schwierigkeit bei Notenvergabe - Umsetzbarkeit
Schüler	
Pro	Contra
- Aneignung von Schlüsselqualifikationen - Zusammenspiel von Hand- und Kopfarbeit - Persönlichkeitsentwicklung - Gute Vorbereitung auf den Arbeitsmarkt - Nachhaltiges Transferwissen	- Hoher Zeitaufwand - Überforderung der Aufgabenstellung bzgl. Komplexität und Verständlichkeit - Evtl. fehlende Disziplin bzgl. Gruppenarbeit - Fehlende Motivationsbreitschaft bei vielfachem Einsatz von handlungsorientiertem Unterricht => Infragestellen des Lehrerberufs

Bestimmt einen **Gruppensprecher**, der die Podiumsdiskussion leitet. Der Gruppensprecher nimmt folgende Rolle ein:

Der Moderator
- eröffnet die Podiumsdiskussion,
- lenkt deren Verlauf durch die Thesen und Leitfragen und
- schließt die Podiumsdiskussion mit einem Fazit.

Die verbleibenden Gruppenmitglieder nehmen die Rolle der **Zuhörer** ein:

Die Rolle des Publikums besteht darin,
- Fragen an die Mitglieder des Podiums zu richten und/oder
- eigene (durchaus gegensätzliche) Positionen zu vertreten.

Bearbeitungszeit: 30 Minuten

Literaturverzeichnis

Bader, R. (2000): Konstruieren von Lernfeldern- Eine Handreichung für Rahmen-lehrplanausschüsse und Bildungskonferenzen in technischen Berufsfeldern. In: Bader, R./ Sloane, P. (Hrsg.): Lernen in Lernfeldern, Markt Schwaben

Beck, H. (1996): Handlungsorientierung des Unterrichts, Anspruch und Wirklich-keit im betriebswirtschaftlichen Unterricht. Darmstadt: Winklers Verlag

Laur-Ernst, U. (1990): Handeln als Lernprinzip. In: Reetz, L./Reitmann, T. (Hrsg.): Schlüsselqualifikationen, Hamburg

Schaub, H., Zenke, K. G. (1995): Wörterbuch zur Pädagogik. München: Deut-scher Taschenbuch-Verlag

Tramm, T. (1994): Die Überwindung des Dualismus von Denken und Handeln als Leitidee einer handlungsorientierten Didaktik. In: Wirtschaft und Erziehung, Heft 2

Internetquellenverzeichnis

http://www.uni-siegen.de/fb2/studiengaenge/lehramt/pal/definition.html?lang=dev (Abruf am: 04.06.11)

http://www.hessen.de/irj/HKM_Internet?rid=HKM_15/HKM_Internet/nav/374/3743 019a-8cc6-1811-f3ef-ef91921321b2%26_ic_uCon=72920bec-b224-d901-be59-2697ccf4e69f.htm&uid=3743019a-8cc6-1811-f3ef-ef91921321b2 (Abruf am: 06.06.11)